团 体 标 准

公路桥梁正交异性钢桥面板 U 肋双面焊接技术指南

Technical Guideline for U-rib Double-sided Welding of Orthotropic Steel Deck for Highway Bridges

T/CHTS 10029—2020

主编单位：中交第二公路勘察设计研究院有限公司
发布单位：中国公路学会
实施日期：2020 年 11 月 01 日

人民交通出版社股份有限公司

北 京

图书在版编目(CIP)数据

公路桥梁正交异性钢桥面板 U 肋双面焊接技术指南：T/CHTS 10029—2020 / 中交第二公路勘察设计研究院有限公司主编. — 北京：人民交通出版社股份有限公司，2020.10

ISBN 978-7-114-16890-1

Ⅰ.①公… Ⅱ.①中… Ⅲ.①公路桥—桥面铺装—焊接工艺—指南 Ⅳ.①U448.14-62

中国版本图书馆 CIP 数据核字(2020)第 195903 号

标准类型：团体标准

Gonglu Qiaoliang Zhengjiao Yixing Gang Qiaomianban U-Lei Shuangmian Hanjie Jishu Zhinan

标准名称：公路桥梁正交异性钢桥面板 U 肋双面焊接技术指南
标准编号：T/CHTS 10029—2020
主编单位：中交第二公路勘察设计研究院有限公司
责任编辑：郭红蕊　韩亚楠
责任校对：孙国靖　宋佳时
责任印制：刘高彤
出版发行：人民交通出版社股份有限公司
地　　址：(100011)北京市朝阳区安定门外外馆斜街 3 号
网　　址：http://www.ccpcl.com.cn
销售电话：(010)59757973
总 经 销：人民交通出版社股份有限公司发行部
经　　销：各地新华书店
印　　刷：北京市密东印刷有限公司
开　　本：880×1230　1/16
印　　张：1.25
字　　数：31 千
版　　次：2020 年 10 月　第 1 版
印　　次：2020 年 10 月　第 1 次印刷
书　　号：ISBN 978-7-114-16890-1
定　　价：200.00 元

(有印刷、装订质量问题的图书由本公司负责调换)

中国公路学会文件

公学字〔2020〕74号

中国公路学会关于发布《公路桥梁正交异性钢桥面板 U 肋双面焊接技术指南》的公告

现发布中国公路学会标准《公路桥梁正交异性钢桥面板 U 肋双面焊接技术指南》(T/CHTS 10029—2020),自 2020 年 11 月 1 日起实施。

《公路桥梁正交异性钢桥面板 U 肋双面焊接技术指南》(T/CHTS 10029—2020)的版权和解释权归中国公路学会所有,并委托主编单位中交第二公路勘察设计研究院有限公司负责日常解释和管理工作。

中国公路学会
2020 年 10 月 23 日

前 言

本指南在总结国内外公路桥梁正交异性钢桥面板 U 肋双面焊接技术研究成果及工程实践经验的基础上编制。

本指南按照《中国公路学会标准编写规则》(T/CHTS 10001)编写，主要内容包括：总则、术语和符号、基本规定、焊接工艺评定、组装及焊接、焊接质量检验及相关附录。

本指南实施过程中，请将发现的问题和意见、建议反馈至中交第二公路勘察设计研究院有限公司（地址：武汉市经济技术开发区创业路 18 号；联系电话：027-84214365；电子邮箱：17520428@qq.com），供今后修订时参考。

本指南由中交第二公路勘察设计研究院有限公司提出，受中国公路学会委托，由中交第二公路勘察设计研究院有限公司负责具体解释工作。

主编单位：中交第二公路勘察设计研究院有限公司

参编单位：武船重型工程股份有限公司、武汉锂鑫自动化科技有限公司、中交第二航务工程局有限公司、湖北省交通规划设计研究院有限公司、中铁大桥科学研究院有限公司

主要起草人：冯鹏程、张华、陈金州、由瑞凯、王成林、李立明、南军强、詹建辉、王天亮、张延河、阮家顺、彭晓彬、舒先庆、黄郁林、高兴、崔清强

主要审查人：李彦武、秦大航、李军平、钟建驰、刘元泉、赵君黎、周海涛、鲍卫刚、侯金龙、杨耀铨

目　次

1 总则 ………………………………………………………………………………………………… 1
2 术语和符号 ………………………………………………………………………………………… 2
　2.1 术语 …………………………………………………………………………………………… 2
　2.2 符号 …………………………………………………………………………………………… 2
3 基本规定 …………………………………………………………………………………………… 3
　3.1 一般规定 ……………………………………………………………………………………… 3
　3.2 焊接材料 ……………………………………………………………………………………… 3
　3.3 焊缝形式 ……………………………………………………………………………………… 3
4 焊接工艺评定 ……………………………………………………………………………………… 5
　4.1 一般要求 ……………………………………………………………………………………… 5
　4.2 试件要求 ……………………………………………………………………………………… 5
　4.3 试件检验 ……………………………………………………………………………………… 5
5 组装及焊接 ………………………………………………………………………………………… 6
　5.1 组装 …………………………………………………………………………………………… 6
　5.2 焊接环境 ……………………………………………………………………………………… 6
　5.3 焊接工艺 ……………………………………………………………………………………… 6
　5.4 返修 …………………………………………………………………………………………… 7
6 焊接质量检验 ……………………………………………………………………………………… 8
　6.1 一般规定 ……………………………………………………………………………………… 8
　6.2 焊缝外观检验 ………………………………………………………………………………… 8
　6.3 质量要求 ……………………………………………………………………………………… 8
附录 A　U 肋部分熔透焊缝超声波相控阵检测 ………………………………………………………… 10
用词说明 ………………………………………………………………………………………………… 11

公路桥梁正交异性钢桥面板 U 肋双面焊接技术指南

1 总则

1.0.1 为规范公路桥梁正交异性钢桥面板 U 肋双面焊接技术，制定本指南。

1.0.2 本指南适用于公路桥梁正交异性钢桥面板 U 肋的双面焊接。

1.0.3 除应符合本指南外，尚应符合有关法律、法规及国家、行业现行有关标准的规定。

2 术语和符号

2.1 术语

2.1.1 U肋双面焊接 U-rib double-sided welding
在U肋与桥面板连接处均实施内、外侧焊接的双面焊缝连接。

2.1.2 无定位焊装配 fixing position and assembly system on U-rib and bridge deck welding connection
无须定位焊,在同一工位上直接完成U肋与桥面板的组装焊接。

2.1.3 熔深 weld penetration depth
母材熔化部的最深点位与母材表面之间的距离。

2.1.4 熔透率 penetration ratio
焊缝熔深与U肋板厚的百分比。

2.1.5 全熔透焊缝 complete joint penetration
焊缝断面熔透率达100%。

2.1.6 部分熔透焊缝 partial joint penetration
焊缝具有一定的熔深,且断面熔透率小于100%。

2.2 符号

h_f——内、外侧焊脚高度;
t——U肋的板厚。

3 基本规定

3.1 一般规定

3.1.1 U肋双面焊作业前,应编制焊接工艺方案和焊接作业指导书或焊接工艺卡。

3.1.2 U肋双面焊的焊接接头的力学性能应符合设计和现行《公路桥涵施工技术规范》(JTG/T 3650)的有关规定。

3.2 焊接材料

3.2.1 材料应提供出厂质量证明书,材料检验按设计文件要求和《钢结构焊接规范》(GB 50661—2011)及现行《公路桥涵施工技术规范》(JTG/T 3650)的有关规定进行。

3.2.2 实心焊丝应符合现行《气体保护电弧焊用碳钢、低合金钢焊丝》(GB/T 8110)的有关规定,药芯焊丝应符合现行《非合金钢及结晶粒钢药芯焊丝》(GB/T 10045)的有关规定,埋弧焊丝、焊剂应符合现行《埋弧焊用非合金钢及细晶粒钢实心焊丝、药芯焊丝和焊丝-焊剂组合分类要求》(GB/T 5293)的有关规定。

3.2.3 焊接材料应根据焊接工艺评定试验结果进行选用。

3.3 焊缝形式

3.3.1 U肋双面焊缝可采用表3.3.1的焊缝形式。采用部分熔透焊缝时,焊缝熔透率宜不低于80%。

表3.3.1 焊缝形式与焊脚高度

序号	焊缝形式	焊缝图示	焊脚高度	焊脚高度偏差
1	双面角焊缝		$h_f = 0.7t$	0~+2mm
2	部分熔透焊缝		$h_f = 0.5t$	
3	全熔透焊缝		$h_f = 0.5t$	

3.3.2 U肋双面焊的焊接方法及坡口尺寸可参照表3.3.2选取。

表3.3.2 推荐焊接坡口形式

序号	焊缝形式	焊接方法	坡口形式
1	部分熔透（熔透率不低于80%）	内外侧气体保护焊	坡口钝边[1mm,1/3t]，坡口角度[45°,65°]
2		内外侧埋弧焊	不开坡口
3		内侧气体保护焊,外侧埋弧焊	坡口钝边[1mm,1/3t]，坡口角度[45°,65°]或不开坡口
4	全熔透	内外侧埋弧焊	不开坡口
5		内侧气体保护焊,外侧埋弧焊	坡口钝边[1mm,1/3t]，坡口角度[45°,65°]

4 焊接工艺评定

4.1 一般要求

4.1.1 U肋双面焊工艺评定使用的设备、材料及环境条件应与实际工程一致。

4.1.2 遇有下列情况之一者,应重新进行评定:
1 U肋双面焊设备改变;
2 焊接材料、钢板材质或U肋厚度改变;
3 焊接电流、焊接电压或焊接速度改变±10%以上;
4 坡口角度减少10°以上,或钝边增大2mm以上。

4.1.3 焊接工艺评定应确定焊接坡口尺寸,焊接材料,焊接的电流、电压、速度等参数,并编制焊接工艺作业指导书。

4.2 试件要求

4.2.1 试件应为单个完整的U肋截面,面板宽度应大于U肋开口宽度150mm以上;试件长度不应小于1 000mm。

4.2.2 样坯截取位置在试件的有效利用长度内选取,其尺寸应满足相关试验要求。

4.3 试件检验

4.3.1 焊缝应进行100%外观检查,外观质量应符合现行《公路桥涵施工技术规范》(JTG/T 3650)的规定。

4.3.2 焊缝应在24h后进行无损检测,质量应符合设计要求和现行《公路桥涵施工技术规范》(JTG/T 3650)的有关规定。

4.3.3 焊接接头硬度测试应按现行《焊接接头硬度试验方法》(GB/T 2654)的有关规定执行;硬度值不大于HV380时,判为合格;否则,判为不合格。

4.3.4 在焊缝的有效长度范围内随机选取宏观断面进行酸蚀试验,试验方法应符合现行《钢的低倍组织及缺陷酸蚀检验法》(GB/T 226)的有关规定;焊缝熔透率应满足设计要求。

4.3.5 试件检验结果不合格时,可在原试件上加倍取样检验;如还不能达到合格标准,应分析原因,调整工艺方案,按原步骤重新评定。

5 组装及焊接

5.1 组装

5.1.1 U肋板单元宜采用U肋组焊一体机进行组装。

5.1.2 采用定位焊组装时,定位焊宜选用实心焊丝气体保护焊,并应符合现行《公路桥涵施工技术规范》(JTG/T 3650)有关定位焊的规定。

5.2 焊接环境

5.2.1 焊接应在厂房内进行,焊接环境的相对湿度应小于80%,环境温度应不低于5℃。

5.2.2 U肋板单元焊接道间温度应不超过160℃。

5.3 焊接工艺

5.3.1 U肋焊接方式分为内外侧分步焊接和同步焊接。分步焊接采用先内焊后外焊的顺序进行,同步焊接采用内外焊错位同步进行。

5.3.2 U肋板单元应按工艺规定的焊接位置、焊接顺序及焊接方向施焊。焊接时不应在母材的非焊接部位引熄弧。

5.3.3 U肋板单元应在组装后24h内焊接;若超时,应对待焊接部位重新清理、除湿后焊接。

5.3.4 U肋双面焊应采用专用设备进行气体保护焊或埋弧焊。

5.3.5 U肋内焊采用气体保护焊接时,宜选择实心焊丝富氩气体保护进行焊接,富氩气体宜采用 Ar、CO_2 或 Ar、CO_2、O_2 混合气,其比例通过试验确定。采用埋弧焊时,宜采用细丝埋弧焊工艺。

5.3.6 焊接坡口尺寸,焊接材料,焊接的电流、电压、速度及焊枪角度等参数应严格按照焊接工艺作业指导书执行。

5.3.7 U肋板单元施焊前应清除待焊区域的铁锈、氧化铁皮、油污、水分、车间底漆等有害物,且表面应无毛刺、裂纹等缺陷,表面均匀、光洁。待焊区域清理范围如图5.3.7所示。

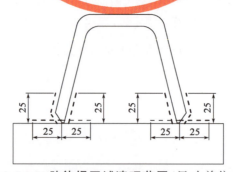

图 5.3.7 U肋待焊区域清理范围(尺寸单位:mm)

5.3.8 U肋板单元焊缝自动焊应靠近U肋端头50mm~150mm范围内起熄弧;端头未焊区域可采用气体保护焊焊接,在端头处实施包角焊。

5.4 返修

5.4.1 当自检发现 U 肋板单元焊缝表面有裂纹时,应进行返修处理。返修应符合下列要求:
1 焊缝表面裂纹的修磨与补焊长度应为焊接裂纹起止点往两端各延伸 50mm 以上。
2 焊缝表面裂纹返修前应对返修区域进行预热,预热温度宜为 60℃~80℃。

5.4.2 其他缺陷按表 5.4.2 所示修补方法进行处理。

表 5.4.2 U 肋板单元焊缝缺陷返修范围及修补方法

缺陷种类	严重程度或范围	修补方法	
		铲磨(刨)	焊接
漏焊	任何区域		√
焊偏	焊偏严重,基本形成"单边"		√
焊缝尺寸不足	不足超过 2mm 以上		√
密集性气孔	任何区域	√	√
焊瘤	大于 3mm	√	

5.4.3 当内焊咬边、漏焊或焊道与 U 肋分离时,应进行补焊处理,焊脚尺寸为 6mm~8mm,焊道两端打磨光顺。

5.4.4 返修焊接完成后应进行复检。同一部位返修次数不应超过两次。

6 焊接质量检验

6.1 一般规定

6.1.1 所有焊缝必须在全长范围内进行外观检查,不得有裂纹、未熔合、夹渣、未填满弧坑和焊瘤等缺陷。

6.1.2 经外观检查合格的焊缝方能进行无损检验,无损检验应在焊接24h后进行。

6.2 焊缝外观检验

6.2.1 U肋内侧焊缝外观检测方法、范围与比例应符合表6.2.1的规定。

表6.2.1 U肋内侧焊缝外观检测方法、范围与比例

焊缝位置	检测方法	检测范围	检测比例
U肋内焊焊缝	目视及焊接检测尺	焊缝两端各200mm	100%
	工业电视视频	内焊焊缝全长	100%

注:采用工业电视视频对U肋板单元内侧焊缝外观检验时,视频监控图像分辨率应小于0.1mm,并对焊缝外观监控图像信息进行储存。

6.2.2 U肋焊缝外观要求应满足现行《公路桥涵施工技术规范》(JTG/T 3650)的有关规定。

6.3 质量要求

6.3.1 U肋板单元焊缝无损检测探伤方法及探伤范围要求可参照表6.3.1执行。

表6.3.1 U肋板单元焊缝无损检测探伤方法及探伤范围

序号	焊缝形式	质量等级	探伤方法	探伤部位与比例	执行标准
1	双面角焊缝	1	超声波	焊缝全长	GB/T 11345
		2	超声波	焊缝长度的20%	GB/T 11345
			磁粉	外侧焊缝两端各选取1 000mm、内侧焊缝两端各选取200mm	GB/T 26951 GB/T 26952
2	部分熔透焊缝(熔透率不低于80%)	1	超声相控阵	焊缝全长	本指南附录A
		2	超声相控阵	两端和中间各选取1 000mm	本指南附录A
			磁粉	外侧焊缝两端各选取1 000mm、内侧焊缝两端各选取200mm	GB/T 26951 GB/T 26952
3	全熔透焊缝	1	超声波	外侧焊缝全长、内侧焊缝全长	GB/T 11345
		2	超声波	焊缝长度的20%	GB/T 11345
			磁粉	外侧焊缝两端和中间各选取1 000mm、内侧焊缝两端各选取200mm	GB/T 26951 GB/T 26952

注:U肋板单元焊缝无损检测的质量等级按照设计文件的要求执行;在设计文件无明确规定的情况下,焊缝无损检测的质量等级可按照2级执行。

6.3.2 U肋板单元焊缝无损检测应符合下列规定：

1 采用磁粉探伤（MT）检测时，按现行《焊缝无损检测 焊缝磁粉检测 验收等级》（GB/T 26952)2X级进行验收。

2 采用超声波进行无损检测时，按照现行《焊缝无损检测 超声检测 技术、检测等级和评定》（GB/T 11345）进行评定。

3 采用超声相控阵检测时，判定准则应符合本指南附录A的规定。

6.3.3 采用多种方法检验的焊缝，应分别达到对应方法检验的质量要求，方可认为该焊缝合格。

6.3.4 进行磁粉检测的焊缝，当发现超标缺陷时应加倍检验。进行局部超声波或超声相控阵检测的焊缝，当发现裂纹或较多其他缺陷时，应扩大该条焊缝检测范围，必要时可延至全长。

附录 A U 肋部分熔透焊缝超声波相控阵检测

A.1 熔透率判定准则

A.1.1 不允许出现烧穿、裂纹、焊瘤等缺陷。

A.1.2 熔透率不小于 80% 为合格。

A.2 非熔深缺陷判定准则

A.2.1 点状缺陷、密集型点状缺陷及线状缺陷的判定。

1 缺陷长度小于 10 mm 时,锯齿形扫查按 5 mm 计,线性扫查按实测计。

2 缺陷的质量分级按表 A.2.1 的规定进行。

表 A.2.1 U 肋部分熔透焊缝非熔深缺陷质量分级

反射波幅 (所在区域)	质量等级	埋藏缺陷长度(mm)		合格评定
		单个缺陷长度 L	多个缺陷累计长度 L	
Ⅰ	1	—	—	合格
Ⅱ	1	$5 \leqslant L \leqslant 10$	任意连续 300 长度内不超过 15	合格
	2	$10 < L \leqslant 20$	任意连续 300 长度内不超过 30	合格
	3	超过 2 级者		合格
Ⅲ	—	—	—	不合格
注:扫描图像中的最高回波波幅按区域分为Ⅰ、Ⅱ、Ⅲ区。				

A.2.2 确定扫描图像中缺陷的最高回波波幅所在的区域。

1 不超过Ⅰ区缺陷评为合格。

2 位于Ⅱ区缺陷按表 A.2.1 的规定评定。

3 位于Ⅲ区缺陷评为不合格。

用 词 说 明

1 本指南执行严格程度的用词,采用下列写法:

1) 表示严格,在正常情况下均应这样做的用词,正面词采用"应",反面词采用"不应"或"不得"。

2) 表示允许稍有选择,在条件许可时首先应这样做的用词,正面词采用"宜",反面词采用"不宜"。

3) 表示有选择,在一定条件下可以这样做的用词,采用"可"。

2 引用标准的用语采用下列写法:

1) 在标准条文及其他规定中,当引用的标准为国家标准或行业标准时,应表述为"应符合《××××××》(××××)的有关规定"。

2) 当引用标准中的其他规定时,应表述为"应符合本指南第×章的有关规定""应符合本指南第×.×节的有关规定""应按本指南第×.×.×条的有关规定执行"。